Emosyon Mwen Yo

KALM

Yon Liv Crabtree Rasin

AMY CULLIFORD
JEAN-PIERRE GASTON

CRABTREE
Publishing Company
www.crabtreebooks.com

Sipò Lekòl A Kay Pou Moun Kap Bay Swen Ak Pwofesè Yo

Liv sa ede timoun yo grandi lespri yo nan kite yo pratike lekti.
Men kèk kesyon kap ede lektè a bati konpreyansyon konpetans yo.
Epons posib yo parèt an wouj.

Anvan Lekti:

- De kisa mwen panse liv sa ap pale?
    - *Liv sa se sou kijan pou santi kalm.*
    - *Liv sa se sou kisa santi kalm sanble oswa tankou kijan li fè ou santi.*

- Kisa mwen vle aprann sou sijè sa?
    - *Mwen vle aprann kisa ki fè moun santi yo kalm.*
    - *Mwen vle aprann kijan santi kalm sanble.*

Pandan Lekti:

- Mwen mande poukisa...
    - *Mwen mande poukisa nou souri lè nou kalm.*
    - *Mwen mande poukisa benyen nan basen fè moun kalm.*

- Kisa mwen te aprann jiskaprezan?
    - *Mwen te aprann ke desen ka fè ou santi ou kalm.*
    - *Mwen te aprann ke gen moun ki chita lè yo kalm.*

Aprè Lekti:

- Ki detay mwen te aprann sou sijè sa?
    - *Mwen te aprann ke gen plizyè fason ou ka santi ou kalm.*
    - *Mwen te aprann ke ou ka rezoud pwoblèm pi byen lè ou kalm.*

- Li liv la ankò epi chèche mo vokabilè yo.
    - *Mwen wè mo* ***desine*** *nan paj 4 ak mo* ***mizik*** *nan paj 8.*
      Lòt mo vokabilè yo wap jwenn nan paj 14.

Kisa ki fè ou **kalm**?

Desine fè mwem kalm.

Mwen chita lè
mwen kalm.

Mizik fè mwen kalm.

Mwen ka panse
lè mwen kalm.

Benyen fè
mwen kalm.

Mwen **souri** lè
mwen kalm.

Kisa ki fè ou kalm?

Lis Pawòl

Mo timoun rekonèt lè yo fèk kòmanse li

chita	kisa	ou
fè	mwen	panse

Mo pouw Konnen

benyen

desine

kalm

mizik

souri

38 mo

Kisa ki fè ou **kalm**?

Desine fè mwem kalm.

Mwen chita lè mwen kalm.

Mizik fè mwen kalm.

Mwen ka panse lè mwen kalm.

Benyen fè mwen kalm.

Mwen **souri** lè mwen kalm.

Kisa ki fè ou kalm?

Emosyon Mwen Yo

KALM

CRABTREE
Publishing Company

Ekri pa: Amy Culliford
Ki fèt pa: Rhea Wallace
Devlopman Seri a pa: James Earley
Korektè: Ellen Rodger
Konsiltan Edikasyon: Christina Lemke M.Ed.
Tradui pa: Jean-Pierre Gaston

Photographs:
Shutterstock: Juan Pablo Gonzaález: cover; ZouZou: p. 1; ESB Professional: p. 3, 14; LightField Studio: p. 5, 14; Africa Studio: p. 8, 14; Newman Studio: p. 9, 14; Chz_mhOng: p. 10, 14; narikan: p. 11, 14; Rusian Shugushev: p. 13

Crabtree Publishing Company
www.crabtreebooks.com 1-800-387-7650

Published in the United States
Crabtree Publishing
347 Fifth Avenue
Suite 1402-145
New York, NY, 10016

Published in Canada
Crabtree Publishing
616 Welland Ave.
St. Catharines, Ontario
L2M 5V6

Printed in Canada/102021/CPC